BEI GRIN MACHT SICH IHR WISSEN BEZAHLT

- Wir veröffentlichen Ihre Hausarbeit, Bachelor- und Masterarbeit
- Ihr eigenes eBook und Buch - weltweit in allen wichtigen Shops
- Verdienen Sie an jedem Verkauf

Jetzt bei www.GRIN.com hochladen und kostenlos publizieren

Bibliografische Information der Deutschen Nationalbibliothek:

Die Deutsche Bibliothek verzeichnet diese Publikation in der Deutschen Nationalbibliografie; detaillierte bibliografische Daten sind im Internet über http://dnb.d-nb.de/ abrufbar.

Dieses Werk sowie alle darin enthaltenen einzelnen Beiträge und Abbildungen sind urheberrechtlich geschützt. Jede Verwertung, die nicht ausdrücklich vom Urheberrechtsschutz zugelassen ist, bedarf der vorherigen Zustimmung des Verlages. Das gilt insbesondere für Vervielfältigungen, Bearbeitungen, Übersetzungen, Mikroverfilmungen, Auswertungen durch Datenbanken und für die Einspeicherung und Verarbeitung in elektronische Systeme. Alle Rechte, auch die des auszugsweisen Nachdrucks, der fotomechanischen Wiedergabe (einschließlich Mikrokopie) sowie der Auswertung durch Datenbanken oder ähnliche Einrichtungen, vorbehalten.

Impressum:

Copyright © 2018 GRIN Verlag
Druck und Bindung: Books on Demand GmbH, Norderstedt Germany
ISBN: 9783668900110

Dieses Buch bei GRIN:

https://www.grin.com/document/458672

Christian Lenze

Release Management als Teil des Softwarelebenszyklus

GRIN Verlag

GRIN - Your knowledge has value

Der GRIN Verlag publiziert seit 1998 wissenschaftliche Arbeiten von Studenten, Hochschullehrern und anderen Akademikern als eBook und gedrucktes Buch. Die Verlagswebsite www.grin.com ist die ideale Plattform zur Veröffentlichung von Hausarbeiten, Abschlussarbeiten, wissenschaftlichen Aufsätzen, Dissertationen und Fachbüchern.

Besuchen Sie uns im Internet:

http://www.grin.com/

http://www.facebook.com/grincom

http://www.twitter.com/grin_com

PROJEKTARBEIT

Release Management als Teil des Softwarelebenszyklus

Christian Lenze

24.01.2018

B.Sc. Wirtschaftsinformatik

Technische Hochschule Köln

Vorwort

Während seiner beruflichen Laufbahn hatte der Autor dieser Projektarbeit verschiedene Rollen und Verantwortlichkeiten innerhalb des Softwarelebenszyklus inne. Hierunter findet sich die Analyse und Konzeption, sowie die Entwicklung von Software, die Leitung von Softwareentwicklungsprojekten gleichsam wie die laterale Führung von Scrum-Teams. Während seiner Zeit als Release Manager reifte die Überlegung zu dieser Arbeit.

Großer Dank geht an Simon Kühn, Annika Samuelsson und Prof. Dr. Erich Ehses.

I. Inhaltsverzeichnis

Vorwort	1
I. Inhaltsverzeichnis	2
II. Abbildungsverzeichnis	3
III. Abkürzungs- und Symbolverzeichnis A-Z	3
1. Einleitung	6
2. Softwarelebenszyklus	6
2.1 Spezifikation	8
2.2 Entwurf	8
2.4 Installation	9
2.5 Betrieb	9
3. Release Management	10
3.1 Aufgaben und Inhalt	10
3.2 Release planen	12
3.3 Release Inhalte zusammenstellen 3.5	12
Rollout planen	13
3.6 Rollout durchführen	14
3.7 Herkunft	14
4. Fazit	16
IV. Literaturverzeichnis	18
A. Bücher A-Z	18
B. Digitale Medien A-Z	18

II. Abbildungsverzeichnis

Abbildung 1 - Seite 7:

"Softwarelebenszyklus inkl. nicht funktionaler Anforderungen"
(Quelle: Siehe [3] - Seite 1)

Abbildung 2 - Seite 11:

"ITIL Aufbau und Inhalt dargestellt als Lebenszyklus IT gestützter Prozesse und Services"
(Quelle: http://www.bmc.com/content/dam/bmc/guides/itil-processes.png - Stand: 01.11.2017)

III. Abkürzungs- und Symbolverzeichnis A-Z

Best Practices	In der Praxis erprobte Verfahren und Techniken
Big Bang	Hier Komplettinstallation auf allen genutzten Systemen zu einem dedizierten Zeitpunkt
British Office of Government & Commerce	Britische Industrie und Handelskammer
Bugfix	Fehlerbehebung
Change Management	Änderungsmanagement
Closing Down	Abschaltung
Code	Hier in Programmiersprache verfasste Computerbefehle
Configuration Management	Konfigurationsmanagement
CVS	Concurrent Version System - Freies Client-Server-basiertes Revisionskontroll-System
Continuous Delivery	Kontinuierliche Bereitstellung eines funktionsfähigen Softwareprodukts nach Maßgaben des Release Managements
Continuous Deployment	Kontinuierliche Bereitstellung und in Betriebnahme eines funktionsfähigen Softwareprodukts nach Maßgaben des Release Managements
Continuous Service Improvement	Kontinuierliche Dienstleistungsverbesserung
Deployment	Bereitstellung eines Computerprogrammes
Evolution Fallback-Strategy	Weiterentwicklung Rückfall-Strategie
Full-Circle	Ganzheitlicher Ansatz

Git	Internetbasiertes Versionskontroll-System beispielsweise der Firma GitHub Inc.
Hardware	Computerausstattung
IEC	International Electrotechnical Commission - Internationale Standardisierungsorganisation
Integrationstest	Test im Verbund und in der Interaktion mit anderen Komponenten
ISO	International Organization for Standardization - Internationale Standardisierungsorganisation
ITIL	Information Technology Infrastructure Library - Sammlung vordefinierter Prozesse, Funktionen und Rollen, wie sie typischerweise in jeder IT-Infrastruktur mittlerer und großer Unternehmen vorkommen
ITSM	Information Technology Service Management - bezeichnet die Gesamtheit von Maßnahmen und Methoden, die nötig sind, um die bestmögliche Unterstützung von Geschäftsprozessen (GP) durch die IT-Organisation zu erreichen.
IT-System	Zusammenschluss von IT-Komponenten
Knowledge Management	Wissensmanagement
Library	Hier Sammlung
LIVE-Umgebung	Produktionsumgebung. Das System auf dem mit Echtdaten aktive Wertschöpfung erfolgt
Management	Leitung, Steuerung, Organisation
Patches	Fehlerbehebung
Phase Out	Schrittweise Außer Betrieb nehmen
Release	Zusammenstellung verschiedener Komponenten und Funktionen zu einem Produkt
RFC	Request for Change - Anforderungsänderung oder Änderungsantrag
Rollout	Bereitstellung eines Computerprogrammes
Service Design	Dienstleistungsentwurf
Service Operation	Dienstleistungsbetrieb oder -ausführung
Service Strategy	Dienstleistungsstrategie oder -zielsetzung
Service Transition	Dienstleistungsanpassung oder -wandel
Servicing	Dienstleistung oder hier Wartung/Betrieb bzw. alle damit verbundenen Maßnahmen zu deren aufrechterhaltung

Software	Computerprogramm
Stakeholder	Interessensvertreter oder hier Projektbeteiligter
SVN	Apache Subversion ist ein Versionierungs- und Revisionskontroll-System
Testing & Validation	Test und Verifizierung
Version	Zusammenstellung verschiedener Komponenten und Funktionen zu einem Produkt
White Paper	Grundlagendokument

1. Einleitung

Die Projektarbeit "Release Management als Teil des Softwarelebenszyklus" beschäftigt sich mit der Frage ob und in welchen Aspekten des Softwarelebenszyklus sich die Disziplin Release Management widerspiegelt. Zu Beginn der Arbeit stellt der Autor die These auf, dass das Release Management verortet werden kann und durch seinen Verantwortungs- und Aufgabenbereich die Aspekte Implementierung, Installation und Außerbetriebnahme behandelt.

Diese Fragestellung wird der Autor versuchen durch eine ausgiebige Literaturanalyse zu beantworten. Hierzu wird er zunächst den Softwarelebenszyklus, seine Aufgaben und Besonderheiten beschreiben. Anschließen wird er auf die Herkunft, Eigenschaften und Aufgaben des Release Managements eingehen und versuchen darzustellen, ob und an welchen Stellen dieses im Softwarelebenszyklus verortet werden kann.

2. Softwarelebenszyklus

Während der Produktlebenszyklus, ein Modell aus der Betriebswirtschaft, 1959 erstmals beschrieben, den Zeitraum zwischen Markteinführung und Marktaustritt eines Produkts beschreibt (Vgl. [5] - Seite 1-5), so beschreibt der Softwarelebenszyklus, wenngleich auch Software ein Produkt ist, den Zeitraum von der ersten Idee zur Software, über die Erstellung, Einführung und deren Außerbetriebnahme. Jedes Softwaresystem durchläuft dieses Phasenmodell und auch bei der Erstellung von Software sollten die nachfolgenden Phasen und Ihre Anforderungen berücksichtigt werden - insbesondere gilt dies für architekturelle Entscheidungen.

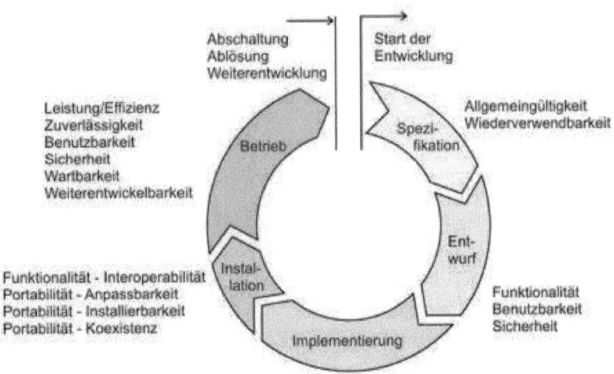

Abbildung 1: Softwarelebenszyklus inkl. nicht funktionaler Anforderungen

In der Regel beginnt der Softwarelebenszyklus mit einer Spezifikationsphase (siehe hierzu Abbildung 1), in der die grundlegenden fachlichen und nicht funktionalen Anforderungen des IT-Systems beschrieben werden und endet in der Regel mit der Abschaltung bzw. mit der Ablösung durch eine neue Version des IT-Systems.

Je nachdem, welches Vorgehensmodell bei der Entwicklung von Software genutzt wird, können die einzelnen Phasen teilweise parallel oder in wiederkehrenden Schleifen öfter durchlaufen werden. Neben dem iterativen Vorgehensmodellen, beispielsweise Scrum, dem Spiralmodell und dem klassischen V-Modell geht der Autor in der folgenden Beschreibung der einzelnen Phasen, sofern nicht explizit genannt, vom Wasserfall-Modell aus (Vgl. [3] - Seite 1-2). Prozesse, Methoden oder Disziplinen, die in allen Bereichen des Softwarelebenszykluses relevant sind, werden auch als Full-Circle-Disziplin bezeichnet.

2.1 Spezifikation

In der Spezifikationsphase gilt es zunächst herauszufinden, welche Anforderungen das Softwaresystem erfüllen muss. Diese beschreibt nicht nur die Aufgaben und den Zweck des Systems sowie die mögliche Erstellung und Verarbeitung von Daten, sondern beispielsweise auch, in welchem IT Umfeld die Software betrieben werden soll. Hier sind Anforderungen bezüglich der Hardware Voraussetzungen ebenso zu erfüllen, wie die Anzahl von zeitgleichen Nutzern. Weitere Fragen wären beispielsweise, welche Partnersysteme anzubinden oder zu integrieren sind, ob mit lizensierten oder Open Source Bibliotheken zu arbeiten ist, ob die Software lokal oder zentral verwaltet wird und dergleichen. All diese Informationen zusammenzutragen und in einem sogenannten Pflichtenheft, in agilen Projekten wäre dies ein Backlog mit entsprechenden Stories, zu dokumentieren obliegt dem Requirements Engineering. Das Pflichtenheft stellt im Detail dar, wie ein Auftragnehmer die Anforderungen des Auftraggebers, meist beschrieben in einem sogenannten Lastenheft, verstanden hat und umzusetzen gedenkt. Die dokumentierten Anforderungen sollten zwischen allen Stakeholdern und Beteiligten im Prozess abgestimmt und gleichwohl verstanden sein (Vgl. [4] - Seite 403).

2.2 Entwurf

In der Entwurfsphase kommt es darauf an, die spezifizierten Anforderung in ein technisches Modell für die fertige Software zu übertragen. Dies kann in grober oder detaillierter Fassung geschehen. Hier wird über die Architektur, Funktion und Benutzbarkeit entschieden und bewertet, inwiefern der Entwurf die Anforderungen erfüllen oder gegebenenfalls auch nicht erfüllen kann. Es kann durchaus sein, dass funktionale Anforderungen aufgrund der technischen Gegebenheiten, aus Kosten- oder

Zeitgründen nicht umgesetzt werden können. Am Ende dieser Phase sollte ein Beschluss der Stakeholder stehen (Vgl. [3] - Seite 1,6).

2.3 Implementierung

In der Implementierungsphase wird der Entwurf in Programmcode umgesetzt und die eigentliche Software erstellt (Vgl. [3] - Seite 1). Um die architekturelle Umsetzung und die Funktion zu gewährleisten, wird die Software teilweise oder vollständig lokal oder auf speziellen Testsystemen installiert und ausgeführt. Hier können dann alle erforderlichen Qualitätssicherungsmaßnahmen durchgeführt werden um die Anforderungen zu erfüllen und auch die nachfolgenden Phasen zu verproben

(Vgl. [3] - Seite 1, 492 ff.; Vgl. [4] - Seite 403-404).

2.4 Installation

Im Anschluss an die Entwicklung der Software wird das Produkt auf den Zielrechnern verteilt und installiert. Hier kann das Produkt auch abgenommen und eingeführt werden. Diese Phase wird oft auch Rollout oder Deployment genannt. Dieser Phase sollte eine entsprechende Planung vorausgehen, um zu klären, wie das Softwareprodukt verteilt wird. Dies kann im sogenannten "Big Bang" oder phasenweise geschehen. Zudem müssen technische und fachliche Abhängigkeiten bei der Installation berücksichtigt werden (Vgl.[3]-Seite522).

2.5 Betrieb

In der Betriebsphase wird die Software technisch betrieben und bereitgestellt. Während der Betriebsphase können weitere Ereignisse eintreten. Diese können hardware- und softwareseitige Fehler sein, die im Rahmen des Servicing, also im Rahmen aller Maßnahmen die den störungsfreien Betrieb gewährleisten, behoben werden. Dies kann durch Komponententausch bzw. durch das Einspielen

(Installieren) sogenannter Patches oder Bugfixes getan werden. Bei kleineren Phänomen, die Software betreffend, handelt es sich hierbei meist um eine Datenmanipulation oder die Erweiterung des bestehenden Programmcodes im laufenden Betrieb, um den Fehler zu beseitigen. Bei größeren Phänomenen oder beim Auftreten neuer oder geänderter Anforderungen bedarf es in der Regel einer neuen Version der Software. Dies wird auch als Evolution bezeichnet, da sich die Funktionen der Software stückweise mit den Anforderungen verändert und weiterentwickelt. Weitere Phasen des Betriebs können die "Phase Out" und die "Closing Down" Phase sein. Ersteres beschreibt die weitgehende Sicherstellung des Betriebes ohne weitere oder zusätzliche Anstrengungen zur Fehlerbeseitigung oder Erweiterung des Programms. Zweiteres beschreibt die Abschaltung des Systems. Beide Phasen sind jedoch relativ selten anzutreffen, der Normalfall ist die Ablösung des Systems durch eine neuere Version. Dies wird von Softwareherstellern im Allgemeinen auch als Release bezeichnet (Vgl. 3-Seite 2).

3. Release Management

Release Management, im Rahmen der Softwareentwicklung und -bereitstellung, beschreibt alle Tätigkeiten und Maßnahmen um ein fertiges Softwareprodukt zusammenzustellen, bereitzustellen und in den Betrieb zu überführen. Es ist eine Disziplin beschrieben und definiert in der ITIL (IT Infrastructure Library), welche ITSM (IT Service Management) Best Practices, Empfehlungen und Beispiele nach ISO/IEC 20000 sammelt und veröffentlicht (Vgl. [14]).

3.1 Aufgaben und Inhalt

Die Hauptaufgabe des Release Managements (im Kontext von ITIL auch Release & Deployment Management genannt) ist es, neue oder geänderte IT-Systeme, in der Regel Software, gegebenenfalls auch

Hardwarekomponenten, einzuführen (Erst- oder Ersatzinstallation) und dabei die Qualität sicherzustellen, Ausfallzeiten und Risiken für die Produktionsumgebung zu minimieren und die Softwareversion so zusammenzustellen und zu dokumentieren, dass das Ergebnis reproduzierbar ist

(Vgl. [1] - Seite 73ff; Vgl. [4] - Seite 318 ff; Vgl. [6] - Seite 103 ff).

Um Reproduzierbarkeit sicherzustellen, hat das Release Management eine hohe Interaktion und Wechselwirkung mit dem Änderungs- (Changemanagement) und dem Konfigurationsmanagement (Configuration Management System). Da das Release bereits im Vorfeld zusammengestellt und der Rollout entsprechend sichergestellt werden muss, aber auch, da Erkenntnisse aus dem Rollout und der Installation zurück in die weitere Entwicklung des Produktes fließen können. Im Release Management werden zudem Releaseinhalte und -änderungen beschrieben, welche in der Regel durch einen Request for Change (RFC) definiert werden und die Grundlage für das Änderungs- und Konfigurationsmanagement bilden (Vgl. [4] - Seite 318 ff;).

Darüber hinaus interagiert das Release Management auch mit den Disziplinen des Knowledge Management bezüglich der nachhaltigen Dokumentation des Releaseinhaltes und der Abläufe bezüglich des Rollouts des Releases, sowie mit dem Service Testing & Validation betreffend der finalen Abnahme des IT-Systems durch die Stakeholder (Vgl. [4] - Seite 318 ff;).

Die Phasen des Release Managements lassen sich wie folgt einteilen:

1. Release planen
2. Releaseinhalte zusammenstellen
3. Abnahmetests durchführen
4. Rollout planen
5. Rollout durchführen

(Vgl. [4] - Seite 318 ff; Vgl. [6] - Seite 103 ff)

Die Aufgaben und Inhalte des Release Managements lassen sich durch weitere Verfahren und Techniken weitestgehend automatisieren. So wird beispielsweise im Rahmen von Continuous Delivery automatisiert zu wiederkehrenden Ereignissen ein fertiges, funktionsfähiges und getestetes Softwareprodukt bereitgestellt. Continuous Deployment hingegen geht noch einen Schritt weiter und nimmt das Softwareprodukt automatisiert in Betrieb.

3.2 Release planen

In dieser Phase gilt es, Release Grundsätze zu definieren und das oder die entsprechenden Releases entsprechend zu planen. Diese Grundsätze bestimmen nach welchen Prinzipien Releases sowohl zeitlich als auch inhaltlich gebildet und freigegeben werden. Beispielsweise kann definiert werden, dass Releases immer zum ersten Montag eines Monats erscheinen, oder, dass die Installation stets nach Geschäftsschluss zu erfolgen hat. Diese Planung dient der einheitlichen und nachvollziehbaren Reproduktion des Releaseablaufes und unterstützt in den nachfolgenden Phasen bei der Entscheidungsfindung (Vgl. [1] - Seite 74; Vgl. [4] - Seite 320 ff; Vgl. [6] - Seite 103 ff).

3.3 Release Inhalte zusammenstellen

Grundsätzlich wird der Inhalt der Releases vom Projekt- oder Produktmanagement definiert. Das Release Management stellt hingegen sicher, dass nur fertig entwickelte, ausführbare und abgenommene Änderungen in das Release kommen. Zudem müssen logische und technische Abhängigkeiten berücksichtigt werden. So bedingt eine Funktion gegebenenfalls eine andere. Desweiteren gilt es, besondere Umstände des Rollouts zu berücksichtigen. So kann es beispielsweise sein, dass das Rollout an eine bestimmte Laufzeit gebunden ist, und daher bestimmte Features oder Änderungen nicht in diesem Release platziert werden können (Vgl. [4] - Seite 320 ff).

Das Release Management wird in der Zusammenstellung der Inhalte und in der Dokumentation durch sogenannte Versionsverwaltungstools unterstützt. Diese Tools ermöglichen es, verschiedene Komponenten-Kombinationen zu verwalten und reproduzierbar abzulegen. Beispiele für solche Tools sind Apache Subversion (SVN), CVS und Git (Vgl. [1] - Seite 74).

3.4 Abnahmetest

Bevor das zusammengestellte Release veröffentlicht werden kann, gilt es sicherzustellen, dass das IT-System in dieser Konfiguration fehlerfrei und entsprechend der ursprünglichen Anforderungen funktioniert. Hierzu werden Regressionstests durchgeführt oder die von der Entwicklungsabteilung durchgeführten Tests begutachtet und dokumentiert. Zusätzlich können Integrationstests angebracht sein, um das Release im Verbund mit anderen Systemen und Schnittstellen zu überprüfen. Dieses Vorgehen dient dazu, etwaige Probleme oder Störung bei der Einführung des neuen Systems bereits im Vorfeld zu verhindern. Folgende Arbeiten können Bestandteil der Abnahmetests sein:

- Testen des Releases in einer Produktions-ähnlichen-Umgebung
- Funktions- und Leistungstest der Hardwarekomponenten
- Überprüfung der Installationsroutinen
- Überprüfung des Betriebshandbuches

(Vgl. [4] - Seite 321; Vgl. [6] - Seite 104)

3.5 Rollout planen

Nach der korrekten Zusammenstellung des Releases und der Abnahme der zusammengestellten Konfiguration gilt es, den Rollout, also die Installation des neuen IT Systems, zu planen. Hierbei sind nachfolgende Dinge zu klären:

1. Wann wird der Rollout durch wen durchgeführt (Inbetriebnahmeplan)?
2. Wie sind Verantwortlichkeiten und Meldeketten definiert?
3. Welche Risiken können auftreten und wie lauten die entsprechenden Fallback Strategien? (Beispielsweise im Falle eines Systemausfalls oder Nicht-Erreichbarkeit)
4. Wie und wann sind alle am Rollout beteiligten und/oder betroffenen Personen in und außerhalb der Organisation zu informieren?
5. Wie wird der Releaseinhalt und -ablauf dokumentiert?

(Vgl. [4] - Seite 321; Vgl. [6] - Seite 104)

3.6 Rollout durchführen

Der Rollout wird entsprechen der Zeit- und Ressourcenplanung durchgeführt und von zentraler Stelle koordiniert. Diese übergeordnete Funktion überwacht den Fortschritt des Rollouts und entscheidet über das weitere Vorgehen im Falle von Abweichungen. Mit dem Rollout sind folgende Aufgaben verknüpft:

1. Betroffene Personen und Stakeholder müssen über den Verlauf und die Änderungen am System informiert werden.
2. Die IT-System-Dokumentation wird in ihrer aktuellen Form bereitgestellt oder ausgeliefert.
3. Die Änderungen am System müssen entsprechend dem Inbetriebnahmeplan vorgenommen werden.
4. Der Arbeitsfortschritt muss kontrolliert und kommuniziert werden (Vgl. [4] - Seite 321-322; Vgl. [6] - Seite 104-105).

3.7 Herkunft

Das IT Service Management (ITSM) beschreibt alle Maßnahmen, die notwendig sind, um Geschäftsprozesse in Unternehmen durch die IT zu unterstützen. Die Norm ISO/IEC 20000 definiert Mindestanforderungen an ITSM-Prozesse. Darüber hinaus besteht für Unternehmen die Möglichkeit der Zertifizierung nach dieser Norm (Vgl. [13]).

Die ITIL wird vom British Office of Government & Commerce zentral verwaltet und bereitgestellt. Sie ist in ihrer aktuell 3. Form erhältlich und stellt eine Ansammlung an ITSM-Best Practices, Empfehlungen und Beispielen dar. Die jeweils beschriebenen Prozesse und Services sollten von Unternehmen für die jeweilige Situation entsprechend adaptiert werden. Aktuell besteht die Library aus 6 Bänden:

1. ITIL: The Basics White Paper
2. Service Strategy
3. Service Operation
4. Service Transition
5. Service Design
6. Continuous Service Improvement

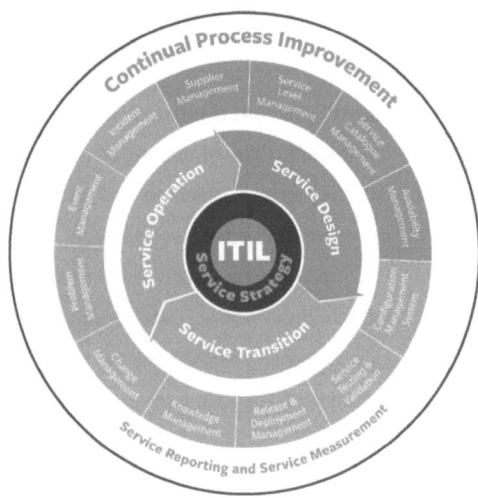

Abbildung 2: ITIL Aufbau und Inhalt dargestellt als Lebenszyklus IT gestützter Prozesse und Services

Wie man an der Abbildung 2 erkennen kann, ist die Intention der ITIL den vollen Lebenszyklus von IT unterstützten Prozessen abzubilden. Release & Deployment Management wird hier in der Ausgabe Service Transition beschrieben.

Der Bereich Service Transition wird durch die Service Strategy unterstützt und durch das Continuous Service Improvement inspiziert und adaptiert.

Die Service Transition beschreibt die Disziplinen:

1. Change Management
2. Knowledge Management
3. Release & Deployment Management
4. Service Testing & Validation
5. Configuration Management System

welche untereinander interagieren (Vgl. [2] - Kapitel 1).

4. Fazit

Die Frage ob und in welchen Aspekten des Softwarelebenszyklus sich die Disziplin Release Management widerspiegelt, lässt sich aufgrund der beschriebenen Aufgaben und Abläufe des Release Managements wie folgt beantworten. Die im Release Management beschriebenen Tätigkeiten "Release planen" und "Releaseinhalte zusammenstellen" finden im Softwarelebenszyklus bereits zu Zeiten des Entwurfs, spätestens zu Zeiten der Implementierung Anwendung. Die "Abnahmetests" erfolgen im Anschluss an die Implementierung, gegebenenfalls auch bereits während der Implementierung in Zusammenarbeit mit der Entwicklungsabteilung. Die Aufgabenbereiche "Rollout planen" und "Rollout durchführen" stellen im Softwarelebenszyklus die Phase der Installation und alle damit verbundenen Tätigkeiten dar. Die Betriebsphase wird durch das Release Management in Form des Rollouts eingeläutet bzw. durch die Einführung neuer IT-Systeme beendet. Die aus diesem Kreislauf gewonnenen Erfahrungen können im Softwarelebenszyklus bei nachfolgenden Iterationen auch in den Phasen Spezifikation und Entwurf erneut Verwendung und Berücksichtigung finden.

Daraus lässt sich schließen, dass die These des Autors, dass das Release Management verortet werden kann und durch seinen Verantwortungs- und Aufgabenbereich die Aspekte Implementierung, Installation und Außerbetriebnahme behandelt, bestätigt wurde. Ferner lässt sich sagen, dass Release Management eine Full-Circle-Disziplin ist und alle Aspekte des Softwarelebenszyklus zumindest beeinflusst.

Die Herleitung des vermeintlich Offensichtlichen stellt stets eine Herausforderung für Geist und Motivation dar. In diesem Beispiel fügte sich das Puzzle nach Abschluss der Literaturrecherche zusammen, und nach und nach bekam diese Arbeit die heutige Struktur und das abschließende Ergebnis.

IV. Literaturverzeichnis

A. Bücher A-Z

[1]100 Minuten für Konfigurationsmanagement:
Kompaktes Wissen nicht nur für Projektleiter und Entwickler
Autor: Marcus Grande; ISBN: 3834823082, 9783834823083; Verlag: Springer-Verlag, 2012

[2]Implementing ITIL Change and Release Management
Autor: Larry Klosterboer; ISBN: 0137001339, 9780137001330; Verlag: Pearson Education, 2008

[3]Lehrbuch der Softwaretechnik: Entwurf, Implementierung, Installation und Betrieb
Autor: Helmut Balzert; ISBN 3827422469, 9783827422460; Verlag: Springer-Verlag, 2011

[4]Management von IT-Projekten: Von der Planung zur Realisierung
Autor: Hans W. Wieczorrek, Peter Mertens; ISBN 3540852905, 9783540852902; Verlag: Springer Science & Business Media, 2008

[5]Produktlebenszyklus und Wettbewerbsdynamik:
Grundlagen Für Die ökonomische Bewertung Von Markteintrittsstrategien
Autor: Marc Fischer; ISBN: 3824474026, 9783824474028; Verlag: Springer-Verlag, 2001

[6]Wirtschaftsinformatik: Wartung und Betrieb eines Informations- und Kommunikationssystems: Methoden, Prozesse und Technologien mit zahlreichen Illustrationen, Beispielen, Repetitionsfragen und Antworten / Kurt Badertscher und Johannes Scheuring....
Autor: Kurt Badertscher, Johannes Scheuring; ISBN: 3715592745, 9783715592749; Verlag: Compendio Bildungsmedien AG, 2007

B. Digitale Medien A-Z

[7]https://www.axelos.com/best-practice-solutions/itil/what-is-itil (Stand 16.01.2018)
[8]https://www.axelos.com/store/book/itil-service-transition (Stand 16.01.2018)
British Office of Government & Commerce

[9]http://www.uni-salzburg.at/fileadmin/multimedia/SRC/docs/teaching/SS11/Sal/Zechmeister_Lampoltsahmmer_Software_Release_Management_paper_final.pdf (Stand 11.06.2011)
Thomas Lampoltshammer, Bernhard Zechmeister

[10]https://wiki.de.it-processmaps.com/index.php/Release_und_Deployment_Management (Stand 27.04.2017)
Stefan Kempter

[11] https://de.wikipedia.org/wiki/Software-Lebenszyklus (Stand 05.09.2016)
[12] https://de.wikipedia.org/wiki/Produktmanagement (Stand 18.09.2017)
[13] https://de.wikipedia.org/wiki/IT-Service-Management (Stand 03.12.2017)
[14] https://de.wikipedia.org/wiki/Releasemanagement (Stand 05.12.2017)
Anonym

BEI GRIN MACHT SICH IHR WISSEN BEZAHLT

- Wir veröffentlichen Ihre Hausarbeit, Bachelor- und Masterarbeit

- Ihr eigenes eBook und Buch - weltweit in allen wichtigen Shops

- Verdienen Sie an jedem Verkauf

Jetzt bei www.GRIN.com hochladen und kostenlos publizieren